DE ODYSSEE
DE ARGONAUTEN

walter a. kreye fidele weltgeschicht op platt 2

Verlag SCHUSTER Leer

ISBN 3-7963-0042-1
1. Auflage 1974

Grafik: Jörg Drühl
Schrift: 10/12 Punkt Helvetica mager
Gesamtherstellung: Anton Hain KG, Meisenheim/Glan
Printed in Germany

Inhalt:

DE ODYSSEE

oder:
Nach der Heimat möcht' ich wieder!
aver: Odysseus meent:„ Dat ielt nich so“

De erste Gesang:

Odysseus bei den Kikonen –
oder: Nach dem Siege binde den Helm fester!
. . . un laat dat Supen!

De Krieg um Troja, dat is klor,
Weer wiedergahn noch männig Johr,
Harr't nich Odysseus bröcht op Schick
Mit sien'n berühmten Holtpeerd-Trick.
De den berühmten Trick nich kennt
Or hett dat in de School verpennt,
De ward in't Lexikon belehrt:
„Bookstabe T : Trojanschet Peerd!"

Nu weer't vörbi mit Larm un Stried.
Wat old weer, maken se op Sied.
De Jungen aver, Herr un Knecht,
Wurrn deelt un op de Schäpen bröcht.
Vör allen ok een junge Deern
Nehm jeden von de Büüt sick geern.
Blots an Kassandra wull nümms ran,
De keek ehr allto biester an.
Se harr dat tweet' Gesicht anns hatt.
Man nu – nu seeg se blots noch swatt. –

Odysseus sä to siene Crew:
„So, Jungs, nu hört mal nippe zu:
Wer mit mich seilt, fährt ohne Weib!
So'n Seefahrt is kein Zeitvertreib!
Weit is der Weg nach Ithaka,
Un mein Gefühl sagt, ehr wir da,
Könn'n wir noch allerlei beleben.
Da kann's noch Havarien geben
In Sturmgebraus un Wogenprall!
Darum will ich auf keinen Fall
Trojansche Weiber unter Deck.
Marsch, vorwärts nu – un schickt ihr weg!"

Sien Maaten hebbt woll 'n beten muult
Un em so von de Sied anschuult.
Vör all'n de Bootsmann Jochen Brammer
Flöök vör sick hen: „Is doch 'n Jammer!
Ich frag mich bloß, du meine Sßeit,
Wo bleibt denn da die Menschlichkeit?!"
„Herr Brammer!" reep Odysseus spitz,
„Was sollte dieser dumme Witz!
Wir ham was Bessres zu beschicken
Als hier mit Deerns herumzuschlicken!
Ich hab' von diesen Kram genug!
Wer meutert, kriggt sein Seefahrtsbuch

Un mustert ab, denn stantepeh
Stech' ich nu mit mein Schiff in See!
Un wer nich mit will, läßt es sein,
Der kommt dafür auch nich mit rein
In die berühmte Odyssee!"
„O nee!" reep allens, „Käptn – nee!
Dat deihst du us gewiß nich an!
Wi hoolt ok to di – alle Mann!"
„Naja", lach dor Odysseus blied,
„Dat wull ick ok man meenen, Lüüd!
Seht to, dat ji jo' Deerns verschüert,
Un dat mi't nich to langen düert!"

Twee Stünnen later, op mien Wurd,
Weern wedder alle Mann an Burd.
Se fiern den Anker ut de Grund,
Dat rode Seil lüch staatsch un bunt,
Un as dat Land verswinnen deed,
Dor sung de Crew een Seemannsleed. –

Dree Dage weern's nu all op See,
Keen Land to sehn in Luv un Lee.
Den veerten Dag weer't, as tomal
De Utkiek reep na't Deck hendal:
„Ich sehe Land, wo Menschen wohnen!
Die sehn so aus als wie Kikonen!"

ODYSSEUS
ADE ADE
BANG

„Aha! Ja, dat kann stimmen, Boß!"
– sä Brammer, „Dat is Ismaros,
Ick kenn ehr, de Kikonenstadt!
Heff hier een Havaree mal hatt!"
„Wat sünd't för Lüüd?" – „De's nich to troen,
Dat Beste hier sünd noch de Froen!"
„All right!" seggt dor Odysseus gliek,
„Stüer mal so'n beten achtern Diek!
Dor achter an dat Slüsendoor!
Un – Achtung! Fertig – Landungscorps!" –
Batz överfulln se de Kikonen.
Keen Denken an Pardong un Schonen!
De Mannslüd slögen's vör den Kopp.
Wat överbleev, neit in'n Galopp
Rin in de Barg, sick to versteken.
Odysseus un sien Lüüd de steken
Den Sabel wedder in de Scheed
Un schreen na Brammwien, Sluck un Met!
Elkeen hett sick 'n Fro anlacht,
Un so hebbt's duchtig fiert un pracht!

Twee Dag' gung't good, denn weer't sowied:
De Rest-Kikonen harrn de Tied
Utnutzt un gau Verstärkung halt.
Nu hebbt's Odysseus' Lüüd versahlt!

Un männigeen weer bleek vör Schreck
Noch, as he säker weer op Deck!
Furs gung dat Seil hoch, een – twee – dree –
Weern's wedder op de hooge See!
Woran een wedder sehen kann:
Suup di na'n Sieg niemals een'n an!
Bliev nöchtern leever as een Kalv,
Anns gellt de schönste Sieg man halv,
Un du slickst sinnig di bikant
Un schuulst di achter 'n dicke Wand!

De tweete Gesang:

Odysseus bei den Zyklopen –
oder: Wer anner Lüüd opfritt,
de geiht sien Oge quitt!

Zyklopen – dat sünd Lüüd, de hefft
Mehrsttieds een grotet Melkgeschäft.
Ok de, bi den Odysseus keem,
– Mit Namen heet de Polyphem –
De harr so'n Halfstieg Schaap un Zeegen.
Un wat he dor an Melk von kregen,
Hett he to Kääs un Botter makt.
Von'n Rest hett he sick Melkzopp kakt.
He weer een Keerl, hoch as een Toorn.
Un jedeneen wull sick woll wohrn,
Sick mit so'n Slahdoot antoleggen.
Dat muß sick ok Odysseus seggen.
Man – he harr dorför keen Geföhl
Un gung mit twölf Mann in de Höhl.

Molk'reebesitzer Polyphem,
De ok jüst von de Weide keem,
Harr siene Schaap un Zeegen eben
Mal in de grote Höhle dreben
Un seet nu dor un weer an't Mölken.

Bi dat Gemecker un dat Bölken
Von siene Herd' harr Polyphem
Von den Besöök eers gornicks sehn!
De Darteihn stunn'n still in de Eck,
Sick to verhalen von den Schreck,
De bi den Anblick von den dullen,
Ahnwäten Keerl ehr överfullen.
Dat he een wahren Riese weer,
Dat weer't noch nich, wat ehr verfehr.
Nee – heel wat anners reg ehr op:
De Keerl harr blots e e n Oog vör'n Kopp!
Een Oog, groot as seß Speegeleier!
Odysseus flusterde: „Minsch, Meier!
Dat is 'n Ding – oh Jungejung!
De Keerl hört in't Panoptikum!"
Off Polyphem dat nu verstahn,
Or harr he eers man blot so dahn,
As harr he den Besöök nich sehn – –
Tomal rull he een groten Steen
Von föfftig Zentner vör de Dör!
Denn stell he sick dor breedbeent vör,
Lach luudhals los, dat't man so dröhn
Un bölk: „Oha! Dat is mal schön!
Dag, leeve Lüüd! Dat paßt sick good!
Nu he'ck furs wat to'n Abendbrot!"

Grippt sick een Keerl mit jede Hand,
Haut mit den Kopp ehr an de Wand,
Dat gifft 'n Knack! Dat Blood dat sprütt!
Un wat deiht Polyphem? He fritt
De beiden een na'n annern op:
„Ssühso!“ seggt he, „Nu spor'ck mien Zopp!“
Denn drinkt he Mölk, so'n föfftig Liter,
Beacht' de annern gornich wieter
Un leggt sick slapen. – „Schwerenot!
Den Lumpenhund, den steek ick doot!“
Gnastert Odysseus dör de Tähn.
„Mien Sabel her! De Keerl is ween!“ –
„Büst unklook?“ wohrschaut Jochen Brammer,
„Wenn du dat deihst, denn ward de Jammer
Nochmal so groot, dat schast du sehn!
Odysseus, Minsch! Denk an den Steen
Dor vör de Dör, un wat de weggt!
Dat kriegt wi alltomal nich trecht,
Den wegtoschuben! Makst em kold,
Weert wi hier binnen ok nich old!“
Naja – Odysseus seeg dat in
Un sä: „Wi mööt wat anners finn'n,
Wo dat 'n Weg gifft, ruttokamen,
Anns fritt de Hund us alltosamen
Binn'n dree Dag' op – nu denkt mal na!“

ZZZ
VINO
SCHLÜRF
HIC

„Jaja!" säen's all', „Jaja – jaja!"
Wieldeß se dachen hen un her,
Lang Fidi Cohrs sien'n Trecksack her.
Den leet he niemals ut de Finger,
Un sinnig speel he ehr 'n poor Dinger,
Wor sick een utgewussen Mann
All 'n beten wat bi denken kann.

Den annern Morgen um Klock dree
Freet Polyphem eers wedder twee,
Jag siene Herd' rut vör de Dör,
Rull ok den Felssteen wedder vör.
Odysseus hal sien Mackers ran
Un sä: „Nun, Freunde – hört mich an!
Ich hab' mich da so über Nacht
Was ganz Apartes ausgedacht!"
Nu lüstern's all' ganz nippe to,
Un as he klor weer, sä'n se: „Jo!
So willt wi't maken, so geiht't good!
Na – denn ward't Tied, dat wi wat doht!"

Nadem an'n Abend Polyphem
Nochmal twee Maaten to sick nehm,
Dor sä Odysseus: „Werter Meister,
So'n Fressen is doch Scheibenkleister!
Und das bekömmt ein' auch nich gut,

Wenn ein da nicks bei trinken tut!
Wir haben hier noch schönen Wein,
Den sollten Sie man hinter nei'n,
Wir haben ihn von die Kikonen,
Die auf 'ne ferne Insel wohnen!" –
Naja, den olen Polyphem
Weer dat natürlich angenehm!
As he nu noog Wien binnen harr,
Dor stamer he: „Du scheins mich ßwar
Ein ganz Durchtriebenen ßu sein,
Du hass was vor mit deinen Wein!
Doch liekerveel – ich bün dein Freund,
Der das ganz ehrlich mit dich meint.
Un so versprech' ich dich indessen,
Mein Freund: Du wirs zuletz gefressen!
Un damit hass du den Beweis,
Was bei mich wahre Fründschapp heiß!"
„Is dankenswert, mien leeve Mann!"
Fung dor Odysseus wedder an,
„Un dat du weeßt, w e n du dor frettst,
Wenn du mi sluken deihst opletzt,
Will ick di seggen: Ick heet „Nümms".
Hier sünd die Zeugen! Freunde – stimmt's?"
„Jaja," sä een, „dat könt wi swörn!
As wi noch bi de Wehrmacht weern

Vör Troja, hett mit düssen Nam‘
He alltied in de Stammrull stahn!“
„Na good, nu holt dat Muul, ji Apen!“
Seggt Polyphem, „ick will nu slapen!“
Un he harr dat man eben seggt,
Dor snurk he all, de leege Knecht.
Dat wulln Odysseus un sien Maaten!
Furs harrn se ‘n dicken Pahl to faten,
De steek dor in so‘n Höhlenritz,
Weer achtern breed un vörne spitz.
De Spitz, de leggen‘s nu in‘t Füer,
Un as se gleunig weer, sä Hüer,
– Dat weer de Stüermann – : „Nu man ran!
Nu fat‘t ok to mit alle Mann!“
Se börn em op nu, un so keem
De Stoßtrupp hen na Polyphem.
„Oplichten! Stillhooln! Drei und – vier!“
So kummandeerde Willem Hüer.
Un „vier!“ harr he man eben seggt,
Dor zirrs un sprütt‘de dat nich slecht!
As wenn so‘n gleunig Iesensplitt
So batz in‘t kole Water glitt.
Wat harrn se makt? Den spitzen Pahl
Jagden mit Swung se alltomal
In Polyphem sien eenzig Oog!

Mein Gott, wat sick de Keerl verjag!!
He bölk un hampel mit de Been
Un leet nich na mit Larm un Schreen!
Den Pahl reet Polyphem herut.
Half bölk vör Smart he, half vör Wut:
„To Hölp! To Hölp, ji Bröders all'!
Ick weer vör Pien noch dull un mall!"
Nu keemen ja furs de Zyklopen
Von wied un sied herangelopen.
Se stunn'n un schreen vör de Dör:
„Wer deiht di wat, us Broder, wer?!"
„Nümms deiht mi wat!" reep Polyphem.
„Nümms hett mi blend't! Ick kann nix sehn!"
De buten wunnern sick nich slecht:
„Wat is dat doch för'n dummen Knecht!
Nümms deiht em wat! Nümms hett em blend't!
Wat bölkt he denn, de blöde Fent!
Na, töv man – morgen kriggst dien Fett!"
So reepen se un gung'n to Bett.

Den annern Morrn seet Polyphem
Vör't Dörlock, as de Herde keem.

Blots een bi een leet he ehr rut.
He harr sick dacht in siene Wut:
Ihr Hunde wollt mich nu entwetzen

Un euch auf meine Hammels setzen!
Als Reiters, meint ihr, kömmt ihr raus!
Man nich bei mir! Da wird nicks aus!
Jed't Deert, wat vör em över zuckel,
Dat streek he eersmal över'n Puckel.
Kunn he denn weten, düsse Fent,
Dat grade op dat anner End,
Dat ünner'n Buuk de Griechen hungen?
He wuß dat nich. – So is't gelungen,
Dat von de Darteihn doch noch säben
Sick wiederfreuen kunn'n an't Läben!
He aver – Polyphem – bleev blind!
Sien Schuld. Denn dat weet jedet Kind, –
Un so een schull't all langen weten – :
Wi Minschenkinner sünd keen Freten!
De dorto will een Oog riskeern,
För den is't Tied, dat to verleern!

SCHLURF
ZISCH
„ADE POLYPHEM

De drüdde Gesang:

Odysseus bei Kirke –
oder: De Swienskomödi!

Wedder keem'n 's an een Insel ran.
Ditmal wurrn eers son halfstieg Mann
Losschickt, dat se mal nasehn schullen,
Off hier nich ok wär so een dullen
Minschenfreter wahnen deh,
Denn ehr deh dat hüüt noch weh,
Wenn se an de annern dachen,
De in Polyphem sien'n Rachen
Sang- un klanglos weern verswunnen
Un harrn sick nich wedderfunnen.
Spähtrupp-Boß Eurylochos
Keem bold vör een schönet Sloß.
Vör de Dör, slank as 'n Birke,
Stund een Wiefstück namens Kirke.
De sä mit een fründlich Lachen:
„Ei, das tut mir Freude machen,
Daß Ihr kömmt auf meine Insel,
Wo ich anners bloß Gewinsel
Hör' von alle mein Getier,
Das Ihr seht vor'n Hause hier!"

Dammi ja – dat Minsch harr recht!
Un se wunnern sick nich slecht:
Dor weern Löwen, Tiger, Baren,
Wildswien ok mit dicke Swaren!
Allens leep dor so dör'neen,
Aver bieten deh keeneen.
Hech – dach dor Eurylochos,
Das is ja 'n gediegen Sloß!
Rein geh' ich nich ums Verrecken!
Lieber will ich mir verstecken
Un mal sehn, was sich hier tut.
Selbiges erscheint mich gut!
Un wieldeß he sick versteek,
Smeet all Kirke 'n witte Deek
Över'n Disch un sä: „Kamt ran!
Sett't jo dal mit alle Mann!
Hebbt woll lang an'n Disch nich seten?
Nu gifft't eersmal wat to eten!"
Furs keem ok ehr Personal,
Un de bröchen alltomal
Wien un Honnig, Käs un Mehl,
Een Deern slöög all Eiergeel.
Un ehr sick noch een verwahr,
Harr de Oolsch den Koken klar!
Ünner Lachen sä de Fro:

„Kinners, Lüüd – nu langt ok to!
Un denn seggt mi achteran,
Off ick nich good backen kann!“
Na, se harrn nicks Args in‘n Sinn
Un hau‘n denn ok duchtig rin!
Aver – wat sick dor begeev,
Kinners, dat weer wat, dat dreev
Eurylochos nu doch dat Bloot
Ünner sienen Iesenhoot.
All‘ sien Kumpels, de dor seten
Un den leckern Koken eten,
Schrumpeln in, un – schrummdibumm! –
Leepen se as Swienen rum!

Af gung dor Eurylochos
Un vermellde sienen Boß,
Wat dor in dat Sloß weer schehn,
Wat he mit eegen Ogen sehn.
„Ha!“ reep de, „Nun ist‘s genug!
Das entlockt mich einen Fluch!
Merde!“ reep he op französch.
Dor keem Hermes un begösch
Em eersmal un sä: „Odyss‘,
Mit so‘n schweinsches Fluchen kriss
Du die Leute nich zurück.

KIRKE

Ich verhelf‘ dir zu dein Glück!“
Odysseus keek den jungen Mann
So‘n beten von de Sied her an.
„Hermes? Hermes?“ överlegg he,
Richt‘ sick op, un: „Jüngling!“ segg‘ he,
„Kuck mich an un sage mir:
Büs bei Gottens du Kurier?“
„Bün ich!“ seggt de Jung un lacht,
„Hab‘ dich auch was mitgebracht!“
„‘n swatte Wuddel? Segg mi: wat – – “
„Still mal! Ick verklor di dat!
Driggst ehr bi di Dag un Nacht,
Hett de Töwerin keen Macht.
Gah un stell di op ehrn Süll!
Wenn se di vertöwern will,
Treckst du dienen Sabel rut,
Röppst, du haust ehr op de Snut,
Wenn se op de Stäe nich swört,
Dat se ehre Zauberwörd
Gegen di nich anwenn‘n will.
Du schast sehn, furs is se still!
Sünd ji denn eers gode Frünn‘,
Segg ick di, in‘n Tied von‘n Stünn
Kriegt dien Mackers, wat se wünschen:
Op de Stäe weert se to Minschen!“

KEUCH
PFÜH
PUST
GRÜBEL GRÜBEL
AHEM
HERMES
IMMER NOCH HERMES

Na – Odysseus gung ja los,
Un he brukde würklich bloß
Dohn, wat Hermes em harr seggt,
Un furs böög sick allens trecht.
Fiendschopp wurd to Fründschopp nu.
He leet blasen: „Schiff in Ruh!" –
Oh, wat harr he Kirke geern!
Jedeen von sien Lüüd harr 'n Deern!
Un een ganzet langet Johr
Bleven's alltosamen dor.
Un oplesd vergeet't wi nich
De Moral von de Geschich:
Makt een Fro ut Mannslüüd Swien,
Kann se doch ok anners sien!

„Eins – zwei – drei im Sauseschritt
Läuft die Zeit – wir laufen mit!"
Dat hett Willem Busch mal seggt,
Un ick segg: De Mann hett recht!
Dorum – schall dat Wark gelingen,
Mutt ick nu wat överspringen!
Oder nee – ick will jo eben
Mit poor Wöör den Faden geben,
Wo de Reis' nu wiedergeiht,
Dat'n naher ok versteiht,

SCHMATZ

Worüm – as na twintig Johr
He nu ennelk wedder dor –
Siene Fro Penelope
Sick dat nich riskeeren deh,
Em ganz apenbar vör allen
Eenfach üm den Hals to fallen.

Sßüh – bi Kirke harrn se't rakt
Un een Jahr lang „foffteihn" makt.
Denn sünd se – so ward vertellt –
Henreist na de Ünnerwelt,
Wor de Doden wiederlävt
Un as Schaddens rümmerswävt.
Denn sichten se een anner Land,
Dor stünn'n Sirenen an den Strand.
De Öös dehn nicks, as mit ehr Singen
De Schippers von Verstand to bringen,
So dat se rein dat Stüern vergeten.
Se sacken af un wurrn denn freten!
(Wir ham ja sowas dichte bei
Mit die berühmte Loreley).
Odysseus kenn ditmal sien Plicht.
He stopp sien Lüüd de Ohren dicht!
Em sülben bunnen glieks twee Mann
Mit 'n fastet Reep an'n Mastboom an.

As he vöröver seilen ded,
Dor deh em dat all wedder leed!
De een, de sung – he wurd rein dull,
So weer em furs dat Harte vull!
Man good, de annern hörden nix,
Se seeten stur un seilden fix
Vörbi an den verdammten Strand.
Man ehr se keem'n na 'n anner Land,
Dor mussen se – un dat weer swör –
Mang Skylla un Charybdis dör.
Charybdis, dat weer 'n bösen Sog,
De elkeen Schipp na nerden toog.
De Skylla weer 'n Aarts Heldenklau.
Dit grote Undeert weer so slau:
Versteek sick achter 'n dicken Steen!
Von't Schipp ut kunn dat dor nümms sehn.
Böög 't Schipp nu vör den Sog na Sied,
Denn keem för Skylla 'n fette Tied:
Sprung achter'n Steen weg, snappde to,
Un mehrsttieds glückde ehr dat so,
Dat, ehr se wegkeem'n, good un geern
All 'n Halfdutz Helden freten weern.
Odysseus seilde as de Pest,
Man seß Mann hett dat liekers köst,

SIRENEN

SCYLLA
CARYBDIS

7 JAHRE KALYPSO
HIHIHI
RÜLPS

De sick de böse Skylla grapps
Un rünnerfreet op eenen Happs!
Se hebbt noch männig Stück utseten:
Den Sunnengott sien Keuh opfreten!
To Strafe dorför hebbt se kregen
'n Oostenbris', Windstärke negen!
Na grote Havaree un so
Keemen's oplesd na Kalypso.
Dat weer een Nymphe, staatschet Wief!
Odysseus reep ok furs: „Hier bliev
Ick för de nögsten söben Jahr!"
Un dat maak düsse Windhund wahr!

As nu de söben Jahr vergahn,
Dor schull de Reis' ja wiedergahn.
Man wedder keem'n 's in Stormgebruus.
Dat Schipp sack weg mit Mann un Muus!
Odysseus – naakt, ahn Büx un Laken –
Spöölde an Land bi de Phäaken.
He wüß dat blot noch nich, de Fent.
Phäakien hett he nich kennt.
Seet naakt in'n Busch un simmeleer,
Wat in so'n Fall to maken weer.
Man ehr he dormit keem to Pott,
Leeg he all dor – sleep as 'n Rott.

Nu keemen dor na 'n lüttje Wiel
Vergnögd un ganz ahn grote Iel
So'n Halfstieg junge Deerns an'n Strand.
Een seeg dat furs: Weern Deerns von Stand!
Se maken Picknick, speelen Ball,
Un – as dat geiht in so'nen Fall:
Se juchen, krieschen, randaleern,
As wenn se ganz alleen dor weern.
Dat heet – se kunnen ja nich weten,
Dat achter'n Busch Odysseus seten,
De opwakt weer von den Schandal
Un överlegg: Verdammt nochmal!
Was tut ein Mann, das is die Frage,
Der nacktsteert is, in so'ne Lage?
Noch ham die Damens ihr Vergnügen,
Doch wenn die mir zu sehen kriegen, –
Da geh' ich jede Wette ein –
Fährt sie der Schreck in das Gebein!
Dahin is jedes Mannes Größe,
Tritt er mit unbedeckte Blöße
In einen Kreis von junge Mädchen,
Dazu noch aus ein fremdes Städtchen!
Was mach' ich bloß? – Was mach' ich bloß? –
Un denn brach einen Zweig er los,

Hielt sich den unterwärts von'n Nabel,
Un dieses machte ihm kumpabel,
Daß er so batz kam hinter'n Busch weg!
Das sahn die Deerns - und war'n in'n Husch weg!
Bloß eine nich. Nee, die blieb da.
Das Frollein hieß Nausikaa!

Nausikaa – dat möt't ji weten –
So hett de öllste Dochter heten
Von'n König, de dit Land regeert hett.
So'n Deern, de weet, dat't gorkeen Wert hett,
Dat'n utneit, wenn so'n Keerl wat will.
Dor blifft'n stahn, höllt sick fein still
Un tövt, wat he to seggen hett.
Am Ennen is he ja ganz nett?!

Nu – nett is Odysseus nich ween,
Tominnsten nich – nett antosehn!
De Havaree, de em passeert,
De harr em bannig ramponeert.
Un so stund he, ick segg't nich geern,
As Bumann vör de junge Deern.
Aver – dat leep noch allens bene.
Wer hulp den Stromer woll? Athene!
Se maak em smuck, dat weer een Freid
Un för de Deern een Ogenweid'.

„Mich scheint“, sä se, „da is was an:
Flieh‘ nich gleich vor ein‘ nackten Mann!
Scheint er dich anfangs auch nich schön,
Das ännert sich in‘n Handumdrehn!“
Nadem se düsse Lehr begrepen,
Leet se nich na, bet se em slepen
Kunn in dat Sloß von ehren Vadder.
Athene, listig as so‘n Adder,
Maak Nevel um Odysseus to.
So kunn ok nümms wat sehn un so

Wenn einer eine Reise tut,
Och ja, denn kann er was erzählen!
Das lernte nu Odysseus gut,
As Dag för Dag mit Fragen quälen
Em de Phäaken: „Wor büst ween?
Wat hest denn noch belävt un sehn?“
Oplesd sä he: „Nu langt mi dat!
Bün ick denn blots een Sabbelfatt?
Ick heff den Krieg um Troja wunnen,
Wiel ick‘t trojanische Peerd erfunnen!
Ick bidd von Harten: Op de Stäe
Bringt mi an Bord un lat‘t mi free!“
Dor hebbt se em ja röverfohrt
Na Ithaka – sien‘n Heimatort.

Un wat he dor noch moß beläven,
Dor willt wi nu Bericht von gäven!

SINK
PHÄAKEN

DER NACKTE ODYSSEUS
HI HI

etc. etc. etc.
etc.

De veerte Gesang:

Odysseus und die Freier – oder: Mit dem Pfeil, dem Bogen!

Op Ithaka weer dull wat los.
„Nu sünd schon unser' Kinner groß!"
Klag' Mudder Ballmann ganz beklommen.
„Frau Sengpiel, ham Sie nicks vernommen,
Wo unser Herr Odysseus bleibt?
Ogottogott, sein armes Weib!
Die kann sich ja vor Kerls nich retten!
Sie soll'n mal sehn – ich könnte wetten,
Daß über garnich lange Sßeit
Penelope sich neu befreit!"
So hörde man dat hier un da
In Huus un Straat von Ithaka.
Dat weer ok würklich rein to dull:
Odysseus' Huus weer alltied vull
Von Jungkeerls, de för't Läven geern
Sien Fro freet harrn un Herzog weern.
So freeten düsse Keerls von Stand
Odysseus' ganzen Veehbestand
Bilütten weg, sien'n schönen Wien,
Den gaten's sick to't Halslock rin!

GOING HOME
INZWISCHEN... BEI DER AR-
MEN PENELOPE.......
JIEP JIEP GIER
GEIL
LECHZ
GIER
GIER
ODYSSI
HALLI HALLO
SOHNI

Odysseus‘ Söhn, de Telemach,
De süüfz den heelen Dag blot: „Ach –
Wenn bloß der Vater wiederkäm‘,
Daß dieser Schiet ein Ende nähm‘!“
Penelope weer rein verdraten.
Se much ehr Kamer nich verlaten,
Se stund an‘t Finster, or se koks,
Blöer ok woll in de Buddenbrooks,
Man allens weer ehr nich to Smack,
Alltied hör se dat Lumpenpack
Von Freersvolk dor ünnen larmen.
Herrjees – dat weer to‘n Gotterbarmen! –

Noch ahnde nümms hier wied un sied,
Dat all Odysseus to de Tied
As Bädler bi den Olen seet,
De siene Swienen höden ded.
Von den kreeg he nu allns to weten.
Vör Dullheit kreeg he meist dat Sweeten.
Na töv – dach he – jo will ick fegen!
Ji Panzenvolk kriegt joen Segen!
De erste, den he apenbor,
Dat he nu ennelk wedder dor,
Weer Telemach, sien groten Söhn.
Un de fund dat so wunnerschön,

Dat he eersmal – he kunn't nich laten –
Hett sömteihnmal Koppheister schaten!
Denn wurd de eernsthaft un sä: „Stopp!
Mi schütt dor jüst wat dör den Kopp!
Vadder, du kummst as Bädelmann
Vonmiddag bi us Wahnung an,
Settst di vör Dör un kickst mal to,
Wo düsse Öös dat drievt un so!"
Odysseus seggt: „Mien Jung – o.k.!
Wat ick mit eegen Ogen seh,
Brukt anner Lüüd mi nich vertelln.
Ick weer mi denn bitieds all melln."

Geseggt – gedahn! So bi Klock dree,
Jüst in de dullste Fieree,
Steiht in de Saaldör 'n olen Mann
Un kickt sick mal dat Spillwark an,
Wo se tokehr gaht, de Bambusen.
He denkt: Mi schall de Aap doch lusen,
Wenn dor nich furs een End ward makt!
Ick föhl dat, wo mien Blood all kakt!
Wieldeß hett Telemach verwagen
De Sabels, Lanzen un de Bagen
Von all' de Jungkeerls inkasseert.
Nu sünd se all' ja unbewehrt!

Se supt un jucht, se danzt un singt,
Dat't wiedhen dör de Straten klingt.
Tomal steiht Telemach ganz risch
An't Koppenn' von den groten Disch.
„Silenzium!" bölkt he in'n Saal,
Un denn is dat ok still tomal.
„Verehrte Gäste – mich hat eben
Ein Gott den Vörschlag eingegeben,
Euch folgendes zu unterbreiten:
Weil ihr euch allzumal tut streiten,
Wer meine Mudder freien soll,
So sag' ich euch: Das Maß is voll!
Ich will das hier nich länger leiden!
Noch heute soll sich allns entscheiden!"
Dor weeren's all mit inverstahn.
„Rut mit den Vörslag!" – „Los – lat't gahn!"
So bölken se nu all' dör'neen.
Un dorbi dach sick jedeneen,
He weer de Rechte, de de Fro
Kreeg un dat Land dorto.
Un as nu Telemach kort wink,
Dor leep de ole Swienhirt flink
– wat he doch anners gornich deh! –
Un halde Fro Penelope.

As de nu hör, dat weer sowied,
Een Enn' to maken all' den Stried,
Dor sä se: „Good – ji makt de Proov!
Un ick dorgegen, ick geloov,
Dat de, de düsse Proov besteiht,
Noch morrn mit mi na'n Preester geiht!"
Denn reep se na de Magd Christine
Un sä: „Geh' rauf in die Kabine
Un hole mich mal frisch un munter
Mein' Mann sein' Feil un Bogen runter!
Dazu zwölf Äxte, zweimal sechs,
Die liegen bei'e Tür gleich rechs!"
Twee Deerns, de fat'den noch mit an
Un bröchen dat Verlangte ran.
„Och nee – ", reep dor Penelope,
„Nee, wenn ich all' die Waffen seh',
Die mein Odysseus hat getragen,
Denn möcht' ich reineweg verzagen.
Die Tranen rinnen mich hernieder – –
Ach – hätt' ich mein' Odysseus wieder!"
Odysseus stund dor op den Sull.
Och, wat weer em dat Hart doch vull,
As he sien Fro ehr Wöör vernehm
Un föhl, dat't ehr von Harten keem.

„So!“ reep nu luud Penelope,
„Bevor ich auf mein Zimmer geh‘,
Will ich Sie noch die Aufgab‘ stelln,
Un Telemach, der soll mich melln,
Wer von die Freiers es vollbracht
Un hat Odysseus nachgemacht,
Mit diesen Bogen einen Feil
Bei die zwölf Äxte, die derweil
Mein Sohn wird hinter‘nander stelln,
Mit ein‘n Schuß durch das Öör zu schnelln!
Ich glaub‘ ja nich, daß ein‘ das schafft,
Denn sicher hat keinein die Kraft,
Den Flitzbog‘n überhaupt zu spann‘,
Das konnt‘ schon früher bloß mein Mann!“
Se wink noch eenmal mit de Hand,
Denn sä se: „Lat‘t mi gau an Land!
Ick will nich störn bi dat Geschäft.
Ropt mi man, wenn‘t een muddelt hett!“

Af gung se, un Antinoos,
– dat weer een vörnehm‘n Adelssproß –
De lang ganz frech un unverwagen
Hen na Odysseus sienen Bagen.
He nehm em in de lünke Hand,
Un – mit de rechte harr he spannt

SOHNI
SABBEL
GRUNZ
RÜLPS
KAU
SCHLECK
SCHMATZ
RÜLPS
KLIRR
SCHEPPER

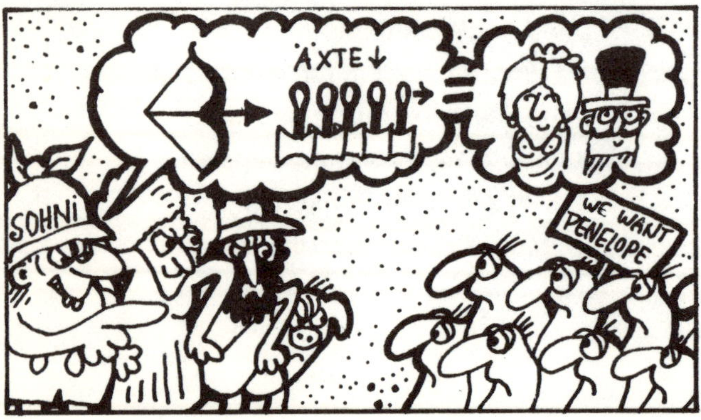
ÄXTE
SOHNI
WE WANT PENELOPE

Ganz geern dat opsternaatsche Ding!
Man sßüh – dat gung doch nich so flink!
He reet un reet nu an de Sehne,
Man dat seeg he bold in: alleene
Kreeg he dat Aasdings niemals spannt!
„Verdammt!“ reep he, „Dat‘s allerhand!
Dat Deert mutt doch to spannen sien?!
He – Ober! Bring mi ‘n Swaar von‘t Swien!“
De Speckswaar höll in‘t Füür he rin
Un reev dormit de Sehne in.
Aver dat hulp nicks. Jüst as eben
Gung de Versöök ok nu dorneben.
De annern lachen sick kaputt!
Se stunn‘n vergnögd all‘ op‘n Dutt
Un frei‘n sick, wo Antinoos
Vergeevs sick quälde as ‘n Oss. –
Dat Lachen is ehr gau vergahn.
Nich een hett düsse Proov bestahn.
Un as de Lesde von de Knecht‘
Den Bagen still bisied harr leggt,
Dor reep tomal de Bädelmann:
„Ji jungen Lüüd – nu hört mi an!
Ick bün woll nich von Rang un Stand,
Doch föhl ick in mien rechte Hand

So'n Jöken, un dat makt mi kund:
Wenn ick't versöch, ick glöv, ick wunn't!"
Herrjes, wat geev dat för'n Schandal!
Se schreen un bölken alltomal:
„Wat will de Keerl?" – „Haut em an'n Nack!"
„Smiet't doch herut dat Bädelpack!"
Antinoos reep: „Töv, du Hund!"
Lang sick een Dreebeen von de Grund
Un smeet. – Odysseus spung torügg,
Man liekers kreeg he em in'n Rügg!
„Nu langt mi dat!" schreeg Telemach,
„Wat fallt jo in! Makt nich so'n Krach!
Dat Seggen hier heff ick alleen!
Un ick slah vör: Wi willt mal sehn,
Off de grootsnuut'de Bädelmann
Woll mehr as renommeeren kann!
Schafft he't – is klor, dat so een Mann
Nich miene Mudder freen kann.
Wi schenkt em 'n Mantel un Sandalen,
Lat't em bi 'n Kottlett sick verhalen,
Un denn seggt wi: Verehrter Greis,
Nu ward dat Tied – gah op de Reis',
Un laat di hier nich wedder sehn!
Sünst kunn di annerswat geschehn!"

„Is good!“ reep allens, „Maak dat man!“
Keeneen glöv dor in‘n Eernst ja an,
Dat düsse Bädler schaffen schull,
Wat ehr all‘ nich gelingen wull.

Odysseus legg nu af sien Saken.
Nanu – dor keem statts Huut un Knaken
Tomal een staatschen Keerl vördag!
„Oha!“ sä‘n ‘s all‘, – „Wer harr dat dacht!“
Odysseus deh, as weer dat nix,
Greep sick ‘n Pfeil un legg em fix
Rop op de Sehn‘ – legg an – un schoot!
Den Düvel ok – de Schööt weer good!
Dör all‘ twölf Ösen gung he hen.
Dor lach Odysseus: „Na, wat denn!
Dat weer noch nicks! Dat Best kummt nu!
Mein Freund Antinoos, hör zu:
Den du soeben hast gesmissen,
Das war Odysseus, muß du wissen!
Un nu, Antinoos, paß auf:
Jetzt krisst du da die Antwort auf!“
Ehr noch een wuß, wo dat geschehn,
Suus all de Pfeil af von de Sehn‘!
Antinoos verdreih de Ogen,
Wieldat de Pfeil em – ungelogen! –

Weer dwars dör siene Göddel flagen!
De annern föhl'n, wo sick ehr Magen
Tosamenkramp, ehr wurd ganz swack.
Odysseus reep: „Ji Lumpenpack!
Nu is't sowied – ick will jo püstern!
Vonwegen mit mien Fro rumsmüstern!
Mien'n Wien utsupen, Veeh opfreten!
Haha – dor hett 'n Uhl nu seten!
Kumm, Telemach! He, Swienenhirt!
Kamt ran, dat wi ehr Moses lehrt!
Mein Jung, nehm du man das M.G.,
Weil ich mir da nich auf versteh'.
Ich bleib' bei meinen alten Bogen,
Das Dings hat mir noch nie betrogen!
Der Schweinehirt schießt lieber wohl
Dazwischen mit das Terzerol.
Un nu – Musik! – un – Feuer frei!
Doot leeg de ganze Kumpanei!

De Slußgesang:

Odysseus un Penelope –
oder: Wer in der Jugend fleißig zimmert,
der hat im Alter'n Ehebett!

„Oh, Vater, nach dies Slachtefest
Erscheint es wirklich mich das Best',
Du gehst nach Mutter – sie wird pennen –
Un gibst dir endlich zu erkennen!"
„Nee!" seggt Odysseus, „Nicks dorvan!
Wo seh'ck denn ut, kiek doch blots an!
Segg eers de Kamerdeern Bescheed,
Ick bruuk een Bad un 'n neet Kleed.
Heff ick dat harrt, gah'ck stantepeh
Glieks hen ok na Penelope!" –
So as he't seggt hett, wurd dat makt.
Eers wurd 'n Kätel Water kakt,
Gröön Seep wurd kofft, een ganz Paket!
De Deenstdeern bröch dat nee Kleed.
He steeg in't Water. – – In de Tied
Sleep stillkens op de rechte Sied,
So as se dat siet Jahr'n all deh,
Sien Fro op't weeke Kanapee.

Een Göttin, un de heet' Athene.
Vör't Sofa aver stund alleene
(Mit Vörnam' hett se Pallas heten,
Man – dat brukt wi hier nich to weten.)
De Göttin, de harr all siet Jahren
An Odysseus ehr Hart verlaren.
Dat se em heirad', gung ja nich,
So höll se dat för ehre Plich,
So wied, as't gung, em to beschützen
Un em, wo't mögelk weer, to nützen.
Nu stund se vör Penelope
Un dach sick: Och, herrjeminee –
De langen Jahren ahn ehrn Mann
Süht een Penelope doch an!
Ehr fehlt nu doch de rechte Swung.
He freit sick säker, wenn se jung
Un knusprig is as duntomal,
As he losföhr na Troja dal.
Un wiel ja Gottens Maniküre,
Gesichtsmassage, Pediküre
Un all' so'n Kram ut den ff
In eene Handbewegung hefft,
Hett se mal mit de Hannen slänkert.
Penelope de hett furs blänkert
Von Kopp bet Foot, as weer se neet.

Prall seet de Bossen ünner't Kleed,
De Huut weer glatt, de Ogen blank,
De ganz' Figur weer jung un slank!
Athene sweev na'r Badstuuv röver,
Dor wedderhal se dat Manöver
Un fluster: „Werde jetzt wie neu!"
Un bumms – stund dor een pin-up-boy!
De wickel sick in sienen Mantel,
Snapp sick mit jede Hand een Hantel,
Maak Knie beugt – un Arme streckt! –
Un freide sick, wo em dat smeck!
Denn träd he mit Hans-Albers-Blick
Vör sienen Speegel, fund sick schick
Un reep den jungen Herold to:
„Korl – mell mi an bi miene Fro!"
De sä: „Mein Herr, die weiß das schon!
Sie sitzt all auf den Herzogsthron!"
„Allright!" seggt dor Odysseus blied,
„Denn ward dat ja de höchste Tied!"
De Herold sä: „Wenn Sie erlauben,
Mein Herr – sie will's partu nich glauben,
Daß Ihr so plötzlich wieder da!
Sie sagt allzeit, Ihr schwindelt ja!
Odysseus wäret Ihr mitnichen,
Ihr hättet Euch bloß eingeschlichen!"

„Wat is dat, Korl? Se glövt dat nich?
Na tööv – wenn's mi to sehen krigg,
Denn ward se't ja oplesd woll glöven!
Hauptsaak, wi lat't ehr nich mehr töven!
Komm mit mich in den Saal, mein Sohn!"
He sett sick op den annern Thron,
Jüst gegenöver von sien Fro
Un seggt: „Was hör' ich da un so?
Ich komm' nach ßwanzig Jahr nach Haus,
Mist' eers den ganzen Saustall aus,
Laß dich denn meinen Namen nennen,
Un du willst mir voll Stolz nich kennen?"
„Sei'n Sie nich hart, mein lieber Herr – ",
Seggt dor sien Fro, „Sehn Sie mal, wer
Kann mich denn schließlich garantiern,
Daß Sie mir nich bloß irritiern?
Ja – wenn Sie das Geheimnis wüßten
Von unser Ehebett, denn müßten
Die allerletzten Zweifel schwinden
Un meine Freudentränen rinnen!"
„Hurra!" reep he, „Dat Ding is good!
Nu geiht to Ennen use Not!
Denn ick – ick kenn op alle Fäll'
De Anlag' von us Bettgestell!

KEUCH
STÖHN
KNIRSCH
ACHZ
ODYSS
ZIP ZIP ZIP
BLUT
BLUT
BLUT
HIHI
HOHO
JÖRG DRÜHL 72
Ende..

Meenst du, ick weet nich mehr de Stäe,
Wor de ool Boom rinwassen deh
In use Kamer? Heff em kappt,
Dor'n Halfstieg Bräder över lappt,
Un dor us Bettstück över leggt – "
Jüst sowied kummt de Mann, dor seggt
Penelope: „Mein lieber Mann! !
Ach, nimm an deine Bost mir ran!
Keinein als du konnt' dieses wissen!
Oh, mein Odysseus – laß dir küssen!"
Dat leet he sick nich tweemal seggen:
He küßde ehr. De beiden leggen
Sick dal op dat bewußte Bett.
Un naher weer't denn noch recht nett!
Ganz liesen speel Musik von feern.
Odysseus de vertell sien Deern
Von siene Reisen krüz un quer.
Gewiß – he wuß nich allens mehr!
Wat deiht dat denn! Dor bleev ok so
Genoog noch, dat sien lüttje Fro
Em recht beduern un trösten kunn.
Un dat is woll de schönste Stunn,
De so een veelgeplagten Mann
Bi siene Fro beläven kann.

Dorum, ji Mannslüüd alltomal:
Makt ji een grötter Reise mal,
Dat Gode, dat behoolt för jo –
Dat Slechte, dat vertellt de Fro!
Dat se jo recht beduern kann!
Glövt mi – se hett ehr Freid dor an!
Se bringt sick um, dat schölt ji sehn!
Möt't plietsch blots – as Odysseus – ween!

DE ARGONAUTEN

Een Geschicht von Leevde,
Dood un'n Schaapbucksfell.

De Argonauten –

Een Geschicht von Leevde,
Dood un 'n Schaapbucksfell

Mal weern dor günn'n in Griechenland
De Lüüd reinweg ut Rand un Band.
In König Pelias sien Stadt –
Se hett den Namen „Jolkos" hatt –
Dor fiern's mit Larm un Tüdellüüt
Poseidon sien' Geburtsdag hüüt.
Un wenn so'n Gott Geburtsdag hett,
Denn brukt he Talg un Hamelfett.
So sä'n de Lüüd un slachden risch
Teihn Hamels op den Opfertisch!
Dat Slachten aver – dat ji't weet't –
Weer dor den König sien Rebeet!
He sett' sien Kron denn op den Kopp,
Kremp sick noch gau de Hemdsmau'n op,
Lang sick sien Meß – un een bi een
Hett he de Schaap den Hals dörsneen!

So ok in Jolkos! Op eenmal
Weer ut de ganze Festschandal!
De König keem, still stund dat Volk,
Un blot een blöden Hamel bolk!

Naja – wat weet so'n Kreatur
Von Opfergang un Volksnatur.
De König keem nu wichtig ran
Un fung vergnögd to opfern an.
Een Hamel na den annern
Moß in dat Jenseits wannern.
Pelias weer bi Nummer veer,
Dor keem tomal een Keerl dorher,
Seeg sneidig ut, weer slank un groot,
Harr blot e e n Stäbel an den Foot!
Pelias – kuum harr he dat sehn –
Wurd bleek un klapper mit de Tähn.
Em fullt dat bi, dat een Orakel
Em seggt harr, he kreeg bös Spektakel,
Wenn dor een in sien Stadt rinkeem,
De statts twee Stäbel harr man een.

Pelias dach: „Mich laust der Aff!"
Steek gau de lesden Hamels af,
Gung furs denn na den Frömden ran
Un sä: „Gu'n Tag auch, junger Mann!
Wo kömmst du her? Was willst du hier?
Komm ran, mein Sohn, un sag' es mir!"
De Jungkeerl, de weer ok nich blöd,
He gung den König risch tomööt

Un sä denn: „Jason is mien Nam'!
Wat ick hier will? Hör to – ick kam,
Di blot to seggen: Mit dien Riek,
Pelias, is wat nich op Liek!
Mien Unkel Äson hett dat hört,
Un du – du hest di bös opföhrt,
Indem dat du em ganz verwagen,
Hest um sien Königriek bedragen.
Ick geev di blot den goden Ratslag:
Geev't trügg, anns gifft dat Murd un Dootslag!"
„Man sinnig!" reep Pelias, „Stopp!
Nich dör de Wand mit dienen Kopp!
Ick geev di trügg dat ganze Land.
Man – denk dor an, dat eene Hand
Alltied de anner waschen deit!
Herrjeminee! Du meine Sßeit!
For nicks, mein Freund, da gibt das nicks.
Ich werd' doch nich so'n Muschiblix
Für lau mein Reich man übergeben!
Wo sollt' ich nachher denn von leben?
Da könnt' ja kommen Hans un Franz!
Nee – zeig' mich eersmal, was du kannst!
Fahr' eersmal schnell nach Kolchis hin,
Wo tief in einen Walde drin

DE ARGONAUTEN
JOLKOS
GOLDY

An einen hogen Baume hängt
Ein Schaapbucksfell, das blinkt un blänkt,
Weil es von schieren Golde is.
Seh zu, mein Sohn, daß du das kriss!
Bringst du mich dieses Fell hierher,
Geb' ich da furs mein Reich für her!"
„All right!" seggt Jason, „Dat's een Wurd!
So gau as't geiht, gah ick an Burd,
Bring di dat Fell un krieg dat Riek.
Un denn is wedder allns op Liek!"

He gung denn stracks na sien' Fründ Argo.
De seet to Huus un speel dat Largo
Von Händel op't Harmonium,
Wieldes sien Fro un Kinner stumm
Un still op ehre Hockers seten,
Wiel se von fröher her all weten,
Dat – wenn se em bi't Speelen störn,
Muulschellen meisttieds fällig weern!
Man Jason reep: „Kumm, Fründ – haak af
Un maak di gau mal op den Draff!"
Herrjeh – hett Argo sick verfehrt!
Un ehr dat he noch greep verkehrt,
Höll he nu mit dat Speelen op,
Keek fünsch von ünn'n na Jason rop.

Man de sä furs: „Kumm, maak keen Stank!
Ick heff nu ennelk – Gott sei Dank! –
För di een goden Opdrag, Fründ!
Haal Sag' un Biel nu ut dien Spind
Un boo een Schipp mit fofftig Ruern.
Man – dat draff nich to langen duern!
Un denk dor an, lang mutt dat ween,
Dat hebbt de Griechen noch nich sehn!
Ok nich to swar, dat överlang
Wi't drägen könt ok över Land!"

Dat hett nu Argo gau begrepen,
Hett Sag' un Biel un Höbel sleepen,
Un na een knappet Viddeljohr,
Dor weer he mit sien Schipp all klor.
Un eenes Abends – Anfang Mai –
Dor geev't in't Bootshuus groot Hopphei.
Jason harr fofftig Helden laden!
He klopp an't Glas un reep: „Kamraden!
Der große Tag is endlich da,
Der Mastbaum steht, das Schipp is kla!
Un weil wir das bei Argo bauten,
Heißt unser Yachtclub „Argonauten"!
Mit diesen Namen smuck un fein
Gehn wir in die Geschichte ein!

Nu geih't in See! Nu is't sowied!
Man vörher, Orpheus – noch ein Lied!"

Orpheus weer stattlich von Statur.
He stell sick nu in Positur,
Schüddel de Locken in't Genick,
Smeet in de Runn' een Füerblick,
Reet sick den Trecksack vör de Bost,
Un denn – heidi! – af gung de Post!
Mein Zeit, wat geev di dat een Larm!
Nu wurden se eers richtig warm!
Se sungen luudhals – alle Mann!
De Kellner slepen Sluck heran,
Un as de Sünn keek över'n Tuun,
Dor weern de Argonauten duun!
Man Jason bröch ehr op den Padd,
Spendeer eersmal een Heringsfatt,
Denn swatten Koffi an de Betten.
Oplesd geev't ok noch Spalt-Tabletten!
Nu wurden's klor un gung'n an Bord,
Un los gung't mit de Schaapbucksfohrt!
Wat ünnerwegens se beläven,
Dat wurd alleen een Book all gäven.
Dorum willt wi dat överslahn
Un nu furs an de Hauptsaak gahn:

DUM DI DUM
KOLCHIS

Na Kolchis keemen se bi Nacht.
Un wiel se sick so afmaracht,
Vergeten's eersmal all' ehr Sorgen
Un sleepen bet an'n hellen Morgen.
Denn bröch ehr Jason op den Draff
Un höll eersmal 'n Versammlung af.
„Geliebte Freunde!" fung he an,
„Bün froh, daß ich begrüßen kann
Euch alle unversehrt in Kolchis!
Jaja – wie freut mich doch ein solchis!
Man nu beginnt der zweite Teil
Von unsre Fahrt, un ich beeil'
Mich zu versichern, daß sofort
Ich mir begeb' an jenen Ort,
Wo – wie ihr ja wohl alle wißt, –
Den König seine Wohnung ist.
'Äertes!' werd' ich zu ihn sagen,
'Ich möcht' dich wohl bescheiden fragen,
Ob du gewillt bist un bereit,
Zu geben uns das gollne Kleid
Von jenen Schaapbuck, der vor Jahren
Als Opfertier den Tagenbaren
Von Kolchis soviel Gutes brachte,
Daß man sein Fell sogar verbrachte

In einen schönen grünen Hain
Un setzte noch als Wächter ein
Den Drachen, der nich schlafen kann,
So daß bis soweit jeder Mann,
Der sich das Fell stibitzen wollte,
Weil ihn das Ehre bringen sollte,
An dies gefährliche Verlangen
Glatt vor die Hunde is gegangen!"
Dor weeren's all' mit inverstahn.
Veer Mann leet Jason mit sick gahn.
Un Hera – wat 'n Götterfro –
De makde Nebel um ehr to.
De wurd eers wedder von ehr nahmen,
As se heel in dat Sloß ankamen.

Hier stunnen nu bold um ehr to
König Äertes mit sien Fro,
Absyrtos ok, dat weer ehr Söhn –
Een smucken Jungkeerl, stark un schön!
Ok siene Döchter – he harr twee:
Medea un Chalkiope.
Man noch een weer in dat Gedrängel:
So'n lüttjen, spleternakden Bengel!
De lüttje Keerl hett Eros heten.
Dat weer een Kumpel, möt't ji weten,

Von Amor, den ji säker kennt.
Dat is de ganz vermuckde Fent,
De dor in't römsche Capitol
Verwalt't dat Kuppelmonopol.
Kort: Eros, de ja unsichtbor,
De maak sick furs to'n Scheeten klor,
Legg sick 'n Pfeil op sienen Bagen,
Ziel kort – un schoot denn ganz verwagen
De lütt Medea in dat Hart!
Se föhl tomal so'n söten Smart
Un dach: Mein Gott, wo ward mi denn – –
Mi is ja meist tomoot, as wenn – –
Man ehr se noch to Ennen dach,
Keek Jason ehr in't Oog un lach!
Oha – dach se – wo kummst mi vör –
Dit Lachen geiht mi dör un dör!
Nu weet ick ok, wat mi passeert
Un wer mi dor mien Hart blesseert!
Denn wurd ehr kold un wedder heet,
Un liesen sung se nu dat Leed:
„Ach schau mich bitte nich so an,
Weil ich das nich ertragen kann!"

Un nu hört to: grad dit Ereignis,
Dat is, as een so seggt, een Gleichnis

GOLDY
HI HI HI
GOLDY
? ?
HA!
ZACK!
DRACHENSAAT!

Dorför, dat Gottens vörut denkt,
Wenn se so de Geschicke lenkt.
Denn sßüh – harr Eros mal nich schaten,
Denn harr us Jason bold verdraten,
Dat he de Reise ünnernahmen,
Wiel he dorbi to Doode kamen!
Dat't nich so keem, glövt mi dat to,
Leeg an den Schööt op düsse Fro!
Äertes nämlich wurd rein dull,
As he vernehm, wat Jason wull.
Dat heet – he wiesde dat nich apen –
Oh nee, he sä noch, he wull hapen,
– Un dorbi grien de leege Fent –
Dat Jason op den lesden End
Erfolg harr mit sien Ünnernehmen
Un kunn dat Fell na Huus mitnehmen.
Man eers schull he to sien Vergnögen
Noch is so'n beten Land umplögen
Un dor denn Drakensaat in sei'n.
Wat dor rutwuß, dat wurd em frei'n.
Man licht weer't nich, sä he dorbi,
Un he stell Jason dat noch fri,
Torüggtoträ'n von den Verdrag.
He geev em Tied bet annern Dag!

Man Jason sä: „Wenn't anns nicks is –
Dat schaff ick licht, soveel is wiß!"
„Meenst dat?" sä achterfünsch de König,
„Mit't Muul, dat seh ick, kanns nich wenig!
Blot – wat dorna kummt, will'ck eers sehn!
Bis morgen denn! Auf Wiedersehn!"

De Spähtrupp Jason gung an Burd,
Un dor vertelln's nu Wurd för Wurd,
Wat se belävt un wo't ehr gahn.
De Arbeit, meen'n se, weer gau dahn.
„Hebbt wi dat Buckfell eers an Deck,"
Reep Jason, „denn heet't nicks as weg!
Ēhr dat den König leed dohn kann,
Leggt wi in usen Haben an!"
As se dat hörn, weern's all' vergnögt
Un hebbt bi Sluck un Beer sick högt!

Wieldes seet trorig un alleen
Medea op ehr Bett un ween.
Worüm? Na – dat is gau vertellt:
Se wuß, ehr Vadder weer vergrellt.
Op't gollen Buckfell höll he veel,
Dat hödd' he as sien eegen Seel.
Se wuß, dat Plögen gung nich good,
Dat weer Jason sien säkern Dood.

1.
DRA-
CHEN
SAAT
2.

Denn wat de beiden Ossen weern, –
Dat wuß se ganz genau, de Deern –
Dat weern poor Düvels, snoben Füer,
Weern bannig wild, harrn keen Gedüer.
Un jemehr Fööt, de weern von Iesen,
Mit de se furs, dat wurd sick wiesen,
Den Plöger in de Grund rin trä'n.
So weer't bet hüüt noch alltied wän.
Un denn de böse Drakensaat,
Dat weer weet Gott keen Koppsalat!
Wat dor rutwuß, dat weern Suldaten,
Soveel dat grote Feld kunn faten,
Un de, kuum weern se ut de Eer,
Fulln furs över den Plöger her,
De – wehr he sick ok noch so good –
Fund bi den Kampf oplesd den Dood.

As dit Medea överdacht,
Besunn se sick op ehre Macht
As Preesterin von de Hekate.
„Renate!" reep se luud, „Renate!"
Ehr Zofe, de sprung opgeregt
Ut't Bett un keem denn angefegt:
„Was gibt's denn mitten inne Nacht?
Oh, Chefin, hab' ich mich verjagt!"

„Hör zu, Renate, ganz verstohlen
Sollst du mich jetz den Jason holen!
Kein darf das merken, hast gehört?
Un denn paß auf, daß uns kein stört!“
„Ja,“ sä de Zofe un suus af
Na'n Haben hen in slanken Draff.
Un in 'n Tied von Viddelstunn'n
Harr se ok Jason richtig funn'n.
Se schoov em dör de Kamerdör
Un stell sick dor as Posten vör.

Nu weern de beiden ja alleen –
Hebbt sick deep in de Ogen sehn.
Medea kreeg'n roden Kopp,
Un denn klor se ehrn Jason op,
Wat em bevörstund annern Morgen.
„Ick will di,“ sä se, „wat besorgen,
Dat – smeerst di dormit gründlich in –
Lett di den swaren Kampf gewinn'!“
„Och nee!“ seggt he, „mien söte Deern,
Hest du dien' Jason denn so geern,
Dat du so fast all to em höllst,
Di gegen diene Öllern stellst?“
„Ja,“ seggt se, „ja – ick heff di leev,
Du lüttje, söte Hartensdeer!“

DRACHEN SAAT
ZAUBER SALBE
SCHMATZ
RUBRUB
SCHMIER
SCHLAPP
MASSIER
RUBBEL
REIB REIB

„Na denn!“ seggt Jason, „Her den Smeer,
Dat morgen fröh ick Sieger weer!“

Äertes mit sien’ ganzen Staat,
De stund all um Klock söben praat.
Rund um dat Feld stund’t stoppenvull,
Dat Jason nahsten plögen schull.
Jason bekeem dat Insmeern good.
He weer vull Kraft un Kampfesmoot,
Kunn’t nich aftöven, weer rein dull,
Wiel he noch nich na’t Feld hen schull.
Man sien Kamraden leeden‘t nich.
„Mensch, Jason!“ sä’n se, „Schämst dich nich?
Bedenk, für dir un deine Leut
Is das ’n großen Festtag heut’!
Den wolln wir feierlich begehn!
Die Kolchiosen solln mal sehn,
Wie man bei uns in Griechenlann
So’n Festtag richtig aufziehn kann!“

Na good – Klock halvig acht wurd‘t hell,
Dor keem ok all de Stadtkapell’.
De Argonauten träden an.
Musik vörut, se achterran!
So gung dat nu mit Sang un Klang
De Autobahn na Kolchis lang.

Kuum kreeg Äertes ehr op Sicht,
Dor bölk he: „Los! Nu zögert nicht!
Un kriegt die Stiere aus'n Stall!
Hört ihr denn nich – sie bölken all!"
Jason de tredd' nu in de Mitt.
In düssen Ogenblick, dor ritt
All een de Stalldör op as düll.
De beiden Ossen mit Gebrüll
Un Füerfahnen vör de Näs
Kamt furs op Jason losgepäst!
De lacht blot, kriggt ehr bi de Hörns,
Un artig as so'n lüttje Deerns
Sliekt achter Jason se nu ran.
De nimmt dat Jück un spannt ehr an.
Äertes troot sien Ogen kuum!
„Mein Gott," seggt he, „bün ick denn duun,
Or is dat wohr, wat ick dor seh?
De Keerl hett Kraasch! Herrjeminee!"
Jason, de lett sick nich beirrn.
He plögt rundum, un sien lütt Deern,
Medea, pliert em heemlich to,
As wull se segg'n: „Man wieder so!"

Um Midag is dat Plögen klor.
Middwiel is ok dat Eten gor.

Man ehder se to Disch nu gaht,
Seit Jason noch de Drakensaat.
Un as se wärkamt, is't sowied:
Een kann all sehn, wo wied un sied
Suldaten ut den Bodden springt!
Dat ganze Feld, dat blitzt un blinkt
Von ehre Schilde, Helms un Lanzen!
Een Division weer't woll in Ganzen!
Opmal flöög midden in't Gewirr
Een Felssteen, un mit veel Geklirr
Sprung he mang de Suldaten rum!
De keeken eers woll 'n beten dumm,
Denn bölken se vergrellt tomal
Un gung'n een op den annern dal!
Den Steen, dat schölt ji all' nu weten,
Harr anners nümms as Jason smeten.
Medea harr den Ratslag geben,
Un de weer good, dat sehn wi eben.
Denn de Suldaten, bös in Fahrt,
De slögen sick, dat harr so'n Aart!
Dat Feld weer bold all rot von Bloot,
So hau'n 's sick gegensiedig doot!
Oplesd sprung Jason ok dormang,
Slöög för Gewalt dor middenmang,

PFLÜG PFLÜG!!
DRACH-
EN
AT
SPLASCH!

Un na twee Stunnen harr he't wunnen,
Den lesden Feend, den harr he unnen!
Wat weern de Argonauten froh!
Se sprungen um ehrn Jason to
Un reepen: „Dat weer allerbest!
Kumm, Fründ – nu fiert wi Siegesfest!“

Äertes aver, bös in Brass,
Bestell den Rieksdag: „Wie konnt' das –“
So reep he – „meine Herrn, geschehn!
Ich kann das einfach nich verstehn!“
Sien Kanzler anter: „In der Tat,
Ich sage nur, das war Verrat!
Un gar kein anner konnt' das sein
Als Majestät ihr Töchterlein
Medea! – denn ich hab' gesehn,
Sie tat mit Jason sich verstehn
Auf die Art, wie's Verliebte machen –
Mit Augenplinkern un so'n Sachen!“
„Ha!“ reep de König, „dat weer nett!
Furs morgen schall se mi vör't Brett!
Un düsse Jason schall nich glöven,
Dat ick em nu dat Fell weer geven!
Kanzler – roop furs dat Heer tosamen!
Denn schölt de Argonauten kamen!

HURRA
SCHMATZ
HEISSA
etc.

Denn wiest wi ehr, wat Mores is!
Dat Fell blifft hier, dat is gewiß!“

Medea, mit ’n slecht Geweten,
Hett abends op ehr Bettkant seten,
In jede Hand een Bäker Gift,
Süfz se ut Hartensgrund: „Wat blifft
Mi anners noch na sockse Saken,
As mi still ut de Welt to maken?“
Denn sprung se op, reep: „Och wat! Schiet!
Ick maak mi noch nich an de Siet!
Mien Jason kann dat Buckfell kriegen,
Versprickt he, mi naher to friegen!“
Se leep na’n Haben op de Stä,
Hör all von wieden den Puhä,
Reep luudhals: „Hallo! Schipp ahoi!
Hol über! Schnell! Sonst – meiner Treu –
Ist alles, was wir heut gewonnen,
Wie Butter vor der Sonn’ zerronnen!“
De Utkiek bölk: „Wi halt di röver!“
Furs bruus ok all ’n Barkass na’t Över!
Jason harr sülvst de Order geven.
Nu stund he breedbeent an den Steven,
Breed siene Arms un reep: „Mein Süßen –
Was stehst du da mit bloßen Füßen!

Komm an mein Herz nun, oh Medea!
Laß mich dein Schwan sein, süße Leda!“
He sprung an Land, wull ehr umarmen,
Aver se ween to‘n Gotterbarmen.
„Nanu“, seggt Jason, „kuck mir an!
Mein Kind, wer hat dich was getan?“
„Du selbst, mein Jason,“ snucker se,
„Ach nein, wie tatest du mich weh
Vonwegen Leda un so‘n Sachen!
Wie konnst du mich so‘n Antrag machen!
Hättst du um meine Hand gefragt,
Ich hätt‘ soforten „Ja!“ gesagt.
Auf ewig wäre ich denn dein,
Das Buckfell kriegtst du obendrein!“
„Dat Buckfell?“ lach he dor vergnögt,
„Dat krieg ick doch! Ick heff ja plögt!“
„Ha!“ reep Medea, „Hast gedacht!
Vadder kömmt morrn mit Heeresmacht,
Haut euch zusammen – ein – zwei – drei –
Un is von sein Versprechen frei!“
„Verflixt!“ sä Jason, „Dat sünd Saken!
Wat kann een dor denn nu bi maken?“
„Och, Jason – – “ flustert se un lacht,
„Das hab‘ ich dich doch schon gesagt!“

GOLDY
LALALA LALALI!
GOLDY
ZZZZZZZ

„Wat?“ seggt he dor, „Och so! Och so! !
Na klor, mien Stupps, du warst mien Fro!
Kumm her, mien Deern – hier is mien Hand!
Ick nehm di mit na Griechenland!“
„Och, Jason,“ reep se, „das is fein!
Nu komm snell in den heilgen Hain!
Ich kenn ein Zauber-Wiegenlied,
Wenn das der Drache hört un sieht,
Denn släft er unter Garantie,
Un dabei geht das Fell perdü!“

Geseggt – gedahn! De beiden – husch! –
Verswunnen in den hillgen Busch.
De Draak, as he ehr kamen seeg,
Vör Woot doch glieks dat Snuben kreeg!
Dat Füür stoov em ut Ohrn un Näs!
Herrjees, wat weer de Satan bös!
Medea gung em in de Mööt
Un sung dat Zauber-Wegenleed:
„Schlaf ein, schlaf ein, mein Engelein,
Im silberhellen Mondenschein!“
Un de ool Draak, nu kiek blots an,
De fung glieks dat Hojanen an,
Verdreih de Ogen, wölter sick
In't hoge Gras un streckde sick!

Un bold kunn een in wiede Feern
Den bösen Draken snurken hörn.

„Nu los, mein Jason, pack snell zu!
Den Lorbas hätten wir zur Ruh!“
Jason greep na dat gollen Fell. –
Dat lüch in‘n Mandschien ja so hell –
Smeet sick dat um – dat weer moi warm! –
Nehm sien Medea an den Arm,
Un denn nei‘n ‘s ut! Gau gung‘t an Burd!
Jason – mit luud Kummandowurd –
Bröch siene Kumpels in de Gangen.
Un dat wohr denn ok gornich langen,
Dor weern se klor, dat Seil gung hoch!
Oll Orpheus siene Leier sloog
Un sung – dat harr man so‘ne Aart –
Dat Slußleed to de Argonautenfahrt!

GOLDY
KEUCH
KEUCH
PUST

Walter A. Kreye,
FIDELE WELTGESCHICHT OP PLATT

Der Reihentitel „Fidele Weltgeschicht op Platt“ ist durch zahlreiche Funksendungen fast zu einem Markenzeichen geworden. Der Autor hat die Figuren der Historie frech von ihrem hohen Sockel gezogen und in die Welt des Alltags geschoben. Persiflage paart sich mit den trockenen „viegelinschen“ Möglichkeiten von Platt und Missingsch und zwerchfellerschütternden Anachronismen. Bisher liegen zwei Bände und eine Schallplatte vor. Weitere werden in rascher Folge erscheinen.

Bitte umblättern

Walter A. Kreye,

FIDELE WELTGESCHICHT OP PLATT I

Murd un Dootslag bi de Nibelungen

Gudrun – oder: Von de Waschbütt op'n Königsthron

1. Auflage 1970, 53 S., Comic-Illustrationen von Jörg Drühl, kart.

ISBN 3-7963-0019-7

FIDELE WELTGESCHICHT OP PLATT II

De Odyssee – oder: Nach der Heimat möcht' ich wieder! – aver: Odysseus meent: „Dat ielt nich so!"

De Argonauten – Een Geschicht von Leevde, Dood un'n Schaapbucksfell

1. Auflage 1974, 92 S., Comic-Illustrationen von Jörg Drühl, Ppe.

ISBN 3-7963-0042-1

in Vorbereitung:

FIDELE WELTGESCHICHT OP PLATT III

Adam un Eva – oder: Aller Anfang ist schwer!

Käpt'n Noah – oder: navigare necesse est!

„De Hemmanslacht", ein weiteres Kapitel der FIDELEN WELTGESCHICHT, erschien bisher nur als Schallplatte (Best.-Nr. S 25-0013)